TAXATION IS THEFT

TAXATION IS THEFT

TAXATION IS THEFT

TAXATION IS THEFT

TAXATION IS THEFT

TAXATION IS THEFT

TAXATION IS THEFT

TAXATION IS THEFT

TAXATION IS THEFT

TAXATION IS THEFT

TAXATION IS THEFT

TAXATION IS THEFT

TAXATION IS THEFT

TAXATION IS THEFT

TAXATION IS THEFT

TAXATION IS THEFT

TAXATION IS THEFT

TAXATION IS THEFT

TAXATION IS THEFT

TAXATION IS THEFT

TAXATION IS THEFT

TAXATION IS THEFT

TAXATION IS THEFT

TAXATION IS THEFT

TAXATION IS THEFT

TAXATION IS THEFT

TAXATION IS THEFT

TAXATION IS THEFT

TAXATION IS THEFT

TAXATION IS THEFT

TAXATION IS THEFT

TAXATION IS THEFT

TAXATION IS THEFT

TAXATION IS THEFT

TAXATION IS THEFT

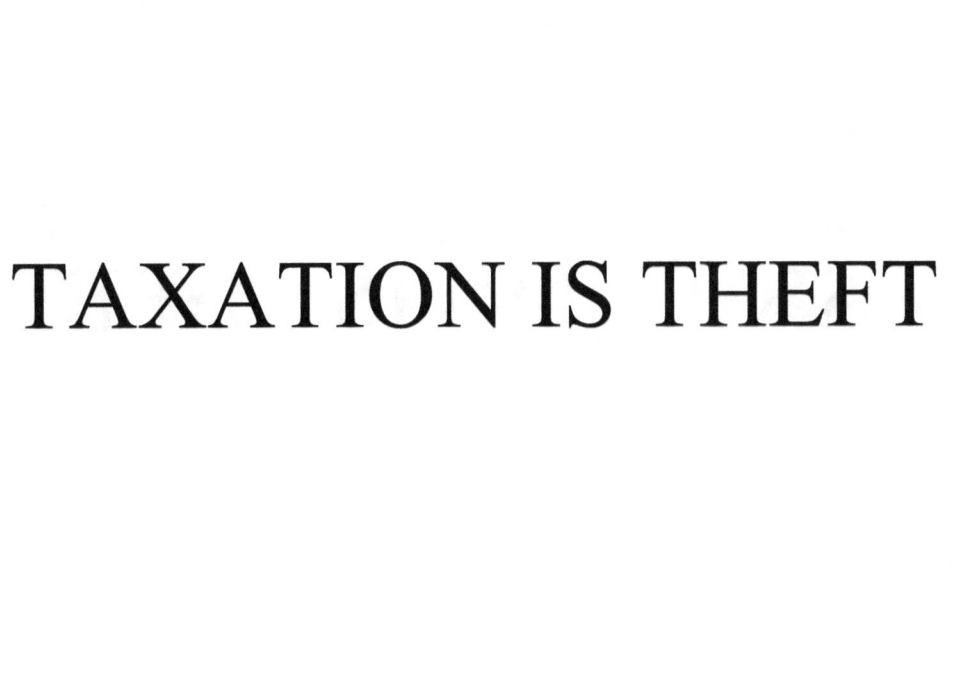

TAXATION IS THEFT

TAXATION IS THEFT

TAXATION IS THEFT

TAXATION IS THEFT

TAXATION IS THEFT

TAXATION IS THEFT

TAXATION IS THEFT

TAXATION IS THEFT

TAXATION IS THEFT

TAXATION IS THEFT

TAXATION IS THEFT

TAXATION IS THEFT

TAXATION IS THEFT

TAXATION IS THEFT

TAXATION IS THEFT

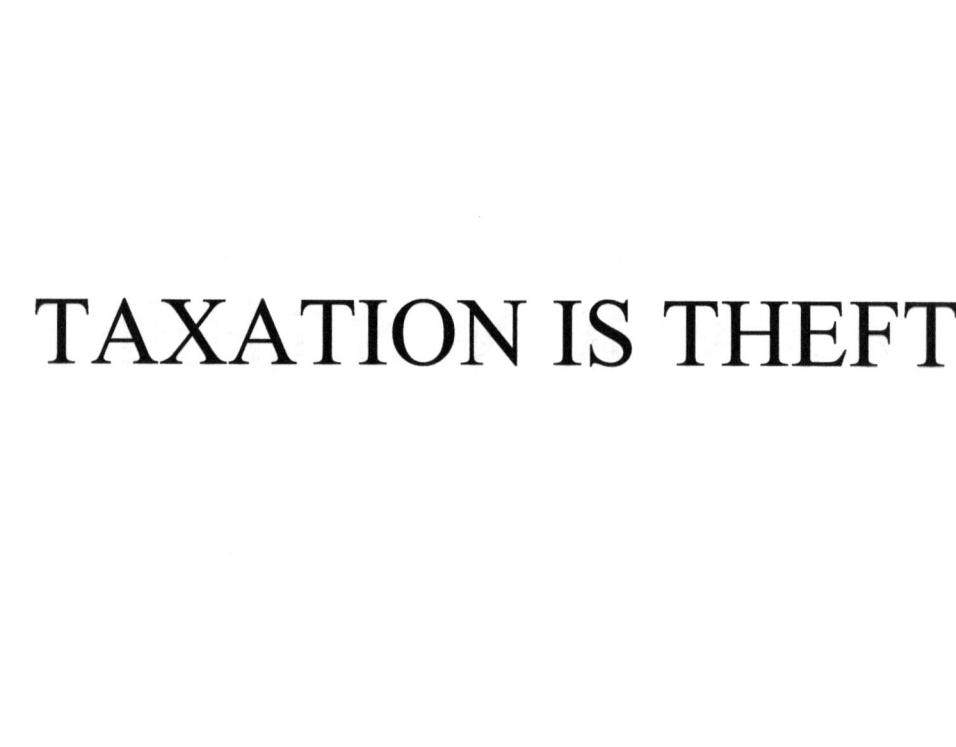

TAXATION IS THEFT

TAXATION IS THEFT

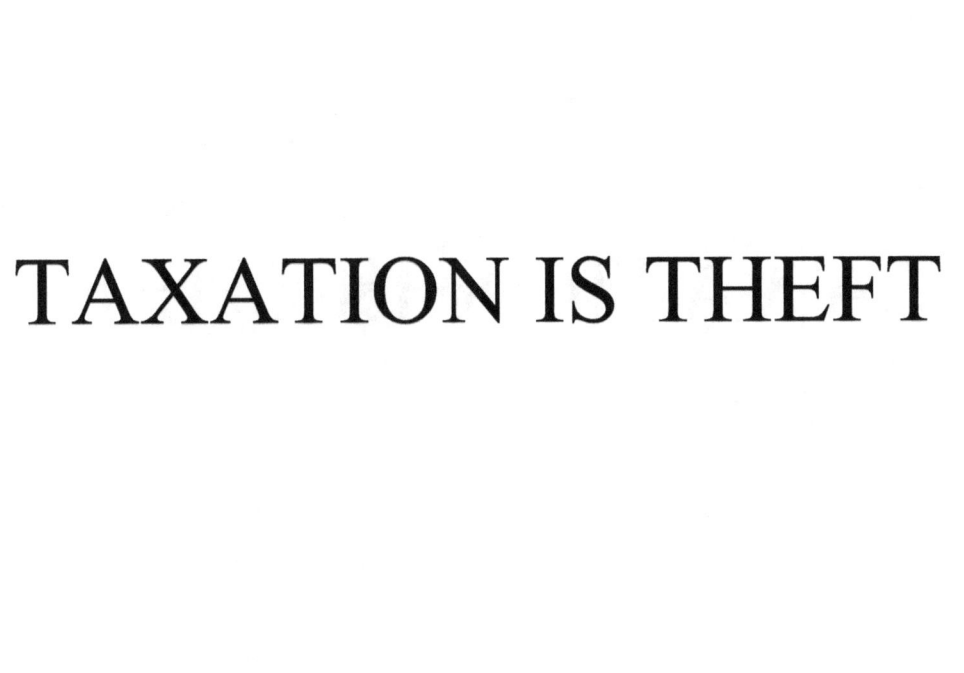

TAXATION IS THEFT

TAXATION IS THEFT

TAXATION IS THEFT

TAXATION IS THEFT

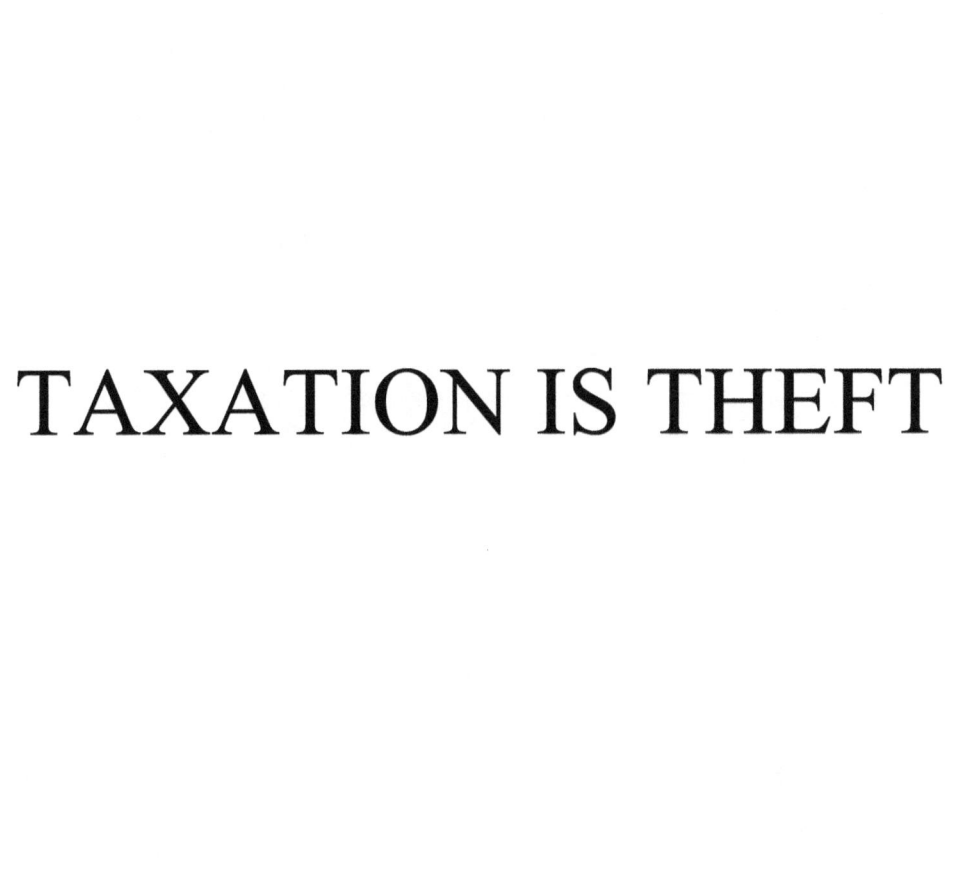

TAXATION IS THEFT